Livre De Recettes Vegan À La Mijoteuse En Français/ Slow Cooker Vegan Recipe Book In French

Recettes végétaliennes faciles à faire à la mijoteuse

Charlie Mason

© Copyright 2017 par Charlie Mason – Tous droits réservés.

Le livre électronique suivant est reproduit dans le but de fournir des informations aussi précises et fiables que possible. Quoi qu'il en soit, l'achat de cet livre électronique peut être considéré comme un consentement au fait que l'éditeur et l'auteur de ce livre ne sont en aucun cas des experts sur les sujets abordés, et que toutes les recommandations ou suggestions formulées ici sont uniquement pour des raisons de divertissement. Les professionnels doivent être consultés au besoin avant d'entreprendre l'une des actions approuvées dans le présent document.

Cette déclaration est jugée juste et valide à la fois par l'association des syndicats américains et la Comité de l'association des éditeurs et est juridiquement contraignante dans tous les États-Unis.

En outre, la transmission, la duplication ou la reproduction de l'une des œuvres suivantes, y compris des informations précises, sera considérée comme un acte illégal, soit effectué par voie électronique ou imprimée. La légalité s'étend à la création d'une copie secondaire ou tertiaire de l'œuvre ou d'une copie enregistrée et n'est autorisée qu'avec l'accord écrit exprès de l'éditeur. Tous les droits supplémentaires sont réservés.

Les informations contenues dans les pages suivantes sont généralement considérées comme un compte rendu exact des faits, et en tant que tel, toute inattention, utilisation ou mauvaise utilisation des informations en question par le lecteur rendra toutes les actions qui en résultent sous leur responsabilité uniquement. Il n'y a aucun scénario dans lequel l'éditeur ou l'auteur original de ce travail peut être jugé responsable des difficultés ou des dommages qui pourraient leur arriver après avoir pris les informations décrites ici.

En plus, les informations contenues dans les pages ont des raisons informatives uniquement et doivent donc être considérées comme universelles. Les informations présentées sont sans assurance quant à leur validité continue ou à leur qualité provisoire. Les marques de commerce mentionnées sont faites sans autorisation écrite et ne peuvent en aucun cas être considérées comme une approbation du titulaire de la marque

CONTENTS

Introduction 5

Chapitre 1 7

Chapitre 2 15

Chapitre 3 29

Chapitre 4 39

Chapitre 5 46

Conclusion 55

Indice 56

Introduction

Les chapitres suivants aborderont certaines des nombreuses façons dont vous pouvez préparer un repas ou des collations végétaliennes que vos amis et votre famille apprécieront certainement. Avec 31 recettes, vous pouvez en essayer une différente chaque jour du mois.

Vous découvrirez à quel point il est important de surveiller ce que vous mangez et comment il est préparé. La mijoteuse vous offre le temps supplémentaire que vous pouvez consacrer aux choses importantes liées à votre style de vie chargé. Il permettra à votre famille de savoir à quel point vous vous souciez en offrant des repas, des collations et des desserts savoureux.

Choisir la façon végétalienne de manger signifie que vous bénéficierez des avantages nutritionnels des légumes, des fruits frais, des noix, des haricots, des grains entiers et des produits à base de soja. Voici quelques-uns de ces avantages et comment votre santé peut être affectée en faisant de bons choix alimentaires:

Antioxydants: Avec cet ajout, vous pouvez protéger votre corps contre plusieurs types de cancer.

Protéines: la viande rouge n'est pas nécessairement le choix le plus sain pour les protéines. En tant que végétalien, les lentilles, les noix, les pois, les haricots et les produits à base de soja fournissent cette ressource sans problèmes de santé.

Glucides: votre corps aura tendance à brûler vos tissus musculaires si vous ne mangez pas beaucoup de glucides.

Vitamine C: La vitamine C agit comme un antioxydant et aide vos ecchymoses à guérir plus rapidement et maintient vos gencives en bonne santé.

Fibres: les végétaliens ont de meilleures selles grâce à l'augmentation de la teneur en fibres des légumes et des fruits.

Graisses saturées réduites: Sans les viandes et les produits laitiers, ces niveaux sont considérablement abaissés.

Magnésium: Avec l'aide du magnésium, le calcium est mieux absorbé. On le trouve dans les légumes-feuilles foncés, les graines et les noix.

Potassium: L'acidité et l'eau sont équilibrées par le potassium, ce qui entraîne également une réduction des cancers et des maladies cardiovasculaires.

Il existe de nombreux livres sur ce sujet sur le marché, merci encore d'avoir choisi celui-ci! Tous les efforts ont été faits pour s'assurer qu'il contient le plus d'informations utiles possible. Amusez-vous!

CHAPITRE 1

Le Délice du petit déjeuner

Commencer chaque matin par un départ sain peut commencer par une barre de petit-déjeuner saine, un bol de flocons d'avoine ou une assiette savoureuse d'œufs de style végétaliens. Ce ne sont là que quelques-uns qui vous permettront de vous lever et de vous motiver.

Myrtille - Quinoa à la noix de coco

Cette combinaison de myrtille et de noix de coco semble réveiller le quinoa pour que votre journée se dirige dans la bonne direction.

Ingrédients

- 2 tasse. myrtilles surgelée
- ¼ tasse noix de coco râpée sucrée / non sucrée
- 1 cuillère à soupe. Mélasse
- 1 boîte (13,5 oz) de lait de coco

¼ tasse de:
- Noix de coco grillée
- Amandes hachées
- ¾ tasse quinoa

Instructions

1. Rincez le quinoa pour éliminer son amertume. Une fois rincée, jetez-le dans la mijoteuse.
2. Saupoudrez la noix de coco sur le dessus avec un filet de

mélasse.
3. Ouvrez et remuez la boîte de lait jusqu'à ce qu'elle soit lisse.
4. Videz-le dans la cuisinière en remuant doucement. Réglez la cuisinière à puissance élevée pendant 1 ½ à 2 heures ou à basse température pendant 3 heures.
5. Versez le délicieux petit-déjeuner dans les bols en garnissant d'environ une cuillère à soupe d'amandes hachées et de quelques myrtilles.

Rendement: 4 portions

Flocon d'avoine à la cannelle et aux pommes

Vous vous demanderez pourquoi vous n'avez pas essayé cela auparavant. C'est tellement savoureux, en particulier lors d'un week-end froid. Non seulement il réchauffera votre corps, mais il enverra également un arôme alléchant dans toute votre maison!

Ingrédients

- 2 pommes tranchées
- 1/3 tasse sirop d'érable ou à votre goût
- 1 cuillère à café cannelle
- 4 tasse eau
- 2 tasse Flocon d'avoine

Instructions

- Disposez les pommes, le sirop et la cannelle au fond de la mijoteuse.
- Videz les flocons d'avoine et l'eau sur le dessus du mélange, sans remuer.

- ☒ Cuire à feu doux pendant huit à neuf heures.
- ☒ Réveillez-vous et savourez votre petit-déjeuner sain.

Rendement: 3-4 portions

Barres à la citrouille et à l'avoine

Profitez de cette friandise savoureuse et saine autour de Thanksgiving et de Noël. Bien sûr, vous pouvez en profiter à tout moment!

Ingrédients
- ☒ 3 cuillères à café sirop d'érable
- ☒ 2/3 tasse sucre de coco
- ☒ 1 ¾ tasse purée de potiron en conserve
- ☒ 1 cuillère à café vinaigre de cidre de pomme cru

1 tasse de:
- ☒ Farine d'avoine
- ☒ Avoine à l'ancienne roulée
- ☒ ½ cuillère à café cannelle
- ☒ 1 cuillère à café épices pour tarte à la citrouille
- ☒ 1 cuillère à café bicarbonate de soude
- ☒ ¼ cuillère à café sel
- ☒ 1/3 tasse noix de pécan

Instructions

1. Ajoutez un morceau de papier parchemin mesuré dans la mijoteuse de 7 litres. Vaporisez la base de la mijoteuse avec de l'huile de cuisson afin que le papier y adhère.
2. Dans un grand récipient à mélanger, mélangez le vinaigre, le sirop d'érable, la citrouille et le sucre de coco.

Incorporez la farine d'avoine, l'avoine, ¼ de tasse de pacanes, le sel, le bicarbonate de soude, les épices pour tarte à la citrouille et la cannelle. Mélangez jusqu'à ce que bien combiné en une pâte épaisse.
3. Étalez la pâte dans le cuiseur préparé. Saupoudrez du reste des pacanes.
4. Placez un couvercle sur la mijoteuse, pour cuire à feu doux pendant une à deux heures. Éteignez le feu de la cuisinière et laissez cuire les barres au repos pendant une heure.
5. Transférez les barres sur une grille pour refroidir complètement.
6. Tranchez et savourez!

Rendement: 16 portions

Granola épicé aux fruits et noix

Ce choix sain d'aliments naturels vous aidera à rester heureux et régulier. Tout ce que vous avez à faire est d'ajouter les ingrédients en suivant les instructions étape par étape, et votre mijoteuse fera le travail.

Ingrédients

- 1 tasse noix (ex. noix, amandes, pacanes, etc.)
- 4 tasse flocons d'avoine à l'ancienne
- ¼ tasse de:
- -Les graines de chia
- -Graines de tournesol
- 1 cuillère à café cannelle moulue
- ¼ cuillère à café moulue de:
- -Gingembre

- -Noix de muscade
- ½ tasse huile de coco fondue
- ½ cuillère à café sel kasher
- ¼ tasse flocons de noix de coco
- ½ tasse de chaque:
- -Sirop d'érable pur
- -Canneberges séchées
- 2 cuillère à café extrait de vanille

Instructions

1. Vaporisez soigneusement les côtés et le fond d'une mijoteuse de
2. 5 litres (ou plus).
3. Mélangez le sel, le gingembre, la muscade, la cannelle, les graines de tournesol, les graines de chia, l'avoine et les pacanes.
4. Dans un autre récipient, fouettez la vanille, l'huile fondue et le sirop d'érable ensemble. Ajoutez aux ingrédients dans la mijoteuse.
5. Fixez le couvercle sur la cuisinière en laissant un léger écart de ¼ de pouce pour laisser la vapeur s'échapper. Cette ouverture empêchera le granola de devenir détrempé.

Rendement: 12 portions

Burrito au tofu brouillé

La recette de ce burrito est quelque chose que vous n'auriez jamais imaginé pourrait être si délicieux au petit-déjeuner. Ajoutez quelques épices et revendiquez l'esprit occidental avec cette sensation!

Ingrédients

- 1 paquet (7 oz) de tofu émietté
- 1 ½ tasse haricots noirs cuits / 15 oz. Boite
- 2 cuillères à café de:
- Oignon cuit
- Poivron vert haché
- ¾ tasse eau
- ½ cuillère à café curcuma moulu
- ¼ cuillère à café de:
- Paprika fumé
- Poudre de chili
- Cumin en poudre

Au goût: sel et poivre
4 tortillas de blé entier de la taille d'un burrito
Suppléments:

- Salsa
- Fromage végétalien râpé
- Salade
- Avocat

Instructions

1. Égouttez et rincez les haricots. La veille, ajoutez tous les ingrédients - omettez les extras et les tortillas - dans la

mijoteuse. Réglez la minuterie sur 7 à 9 heures sur le réglage bas.
2. Le lendemain matin, goûtez et ajoutez du poivre et du sel si vous le souhaitez.
3. Versez le mélange sur chacune des tortillas. Ajoutez toutes les garnitures que vous souhaitez.
4. Servir et savourer!

Rendement: 1 tasse - 4 tortillas - 2 portions

Œufs végétaliens pour le petit-déjeuner

Profitez des bienfaits naturels des œufs de style végétalien. Pimentez-les comme vous les aimez avec cette recette facile à suivre.

Ingrédients

- 2 cuillères à café. margarine végétalienne (ex. Earth Balance)
- 2 paquets (16 oz chacun) de tofu extra-ferme - emballé dans l'eau
- 2 ½ cuillères à café levure nutritionnelle
- 1 ¼ cuillères à café de:
- Oignon granulé
- Ail granulé
- 1/8 cuillère à café Safran des Indes
- ½ cuillère à café poivre noir
- ¾ cuillère à café sel de mer

Instructions

1. Ouvrez les sachets de tofu et égouttez l'eau.

2. Utilisez une grande poêle, ajoutez la margarine et réchauffez à feu moyen.
3. Ajoutez le poivre et le sel sur le tofu, avec le curcuma, l'ail et l'oignon. Cuire environ cinq minutes - en remuant de temps en temps.
4. Une fois l'eau évaporée, ajoutez la levure et continuez le processus jusqu'à ce qu'elle soit dorée.
5. Servir et savourer.

Rendement: 8 portions

CHAPITRE 2

Cadeau du midi

Que vous aimiez le brunch ou le déjeuner, vous êtes sûr de trouver un repas de midi pour faire plaisir à vos papilles.

Bolognaise de chou-fleur et nouilles aux courgettes

Vous allez adorer la façon dont cette bolognaise épice le chou-fleur. Vous n'obtenez pas cette texture épaisse avec la consistance du chou-fleur. La combinaison est tellement délicieuse!

Ingrédients pour la bolognaise

- ¾ tasse oignon rouge coupé en cubes
- 1 chou-fleur - coupé en bouquets
- 2 petites gousses d'ail émincées
- 1 cuillère à café de flocons de basilic séchés
- 2 cuillères à café origan séché
- 2 boîtes (14 oz chacune) sans sel ajouté - tomates en cubes
- ¼ cuillère à café flocons de piment rouge
- ½ tasse bouillon de légumes faible en sodium
- Au goût: sel et poivre
- Pour les pâtes:
- 5 grosses courgettes

Instructions

- Combinez tous les ingrédients bolognais dans la mijoteuse.
- Réglez la minuterie sur 3 heures et demie sur le réglage

élevé.
- Une fois terminé, écrasez le chou-fleur jusqu'à ce que les fleurons se séparent.
- Versez le mélange sur quelques nouilles de courgettes.

Rendement: 1 portion

Tofu et légumes chinois grillés

C'est une recette qui plaira à tous les invités du déjeuner!

Ingrédients

- 3 gousses d'ail émincées
- 1 paquet de tofu extra-ferme - non soyeux (14 onces)
- 1 petit oignon émincé
- 2 cuillères à café racine de gingembre frais hachée
- ¼ tasse de sauce hoisin
- 2 cuillères à soupe. vinaigre de vin de riz assaisonné
- 8 onces de sauce tomate - sans sel ajouté
- ¼ cuillère à café sauce Worcestershire vegan
- 1 cuillère à café de:
- Moutarde brune épicée
- Sauce soya faible en sodium
- ¼ cuillères à café de:
- Cinq épices en poudre
- Piments rouges en poudre
- 2 cuillères à café mélasse
- 2 cuillères à soupe. Eau

Optionnel:

- Sel

- 1/8 cuillères à café poivre noir moulu

Légumes:
- 2 courgettes moyennes - cubes de ½ pouce
- 2-3 brocolis - tiges seulement
- ½ gros poivron vert / rouge (carrés d'un pouce)
- 1 boîte de châtaignes d'eau tranchées (8 oz)

Instructions

1. Coupez le tofu en morceaux de ½ pouce et disposez-les dans des serviettes en appuyant légèrement pour éliminer l'humidité. Coupez-les également en morceaux.
2. Ajoutez le tofu dans une poêle chaude et cuire jusqu'à ce qu'il soit uniformément doré. Changez la température de la mijoteuse à haute.
3. Ajoutez le tofu dans la mijoteuse et fermez le couvercle.
4. Dans la même poêle, faites cuire lentement le gingembre, l'ail et les oignons pendant environ trois minutes. Ajoutez le reste des ingrédients. Chauffez et remuez jusqu'à bouillonnement.
5. Videz la sauce sur le tofu et mélangez bien. Fixez le couvercle et poursuivez la cuisson pendant trois heures à puissance élevée.
6. Coupez les tiges de brocoli et épluchez la peau extérieure.
7. Coupez-les en rondelles de ¼ de pouce. Lorsque le tofu est cuit, ajoutez le brocoli et les autres légumes. Bien mélanger et couvrir hermétiquement avec le couvercle.
8. Faites cuire pendant une heure. A déguster avec du riz brun.

Rendement: 3-4 portions

Ragoût de maïs

Cette version vegan acidulée de la recette classique allégera votre journée lorsqu'elle est préparée dans votre mijoteuse.

Ingrédients

- 3 tasse bouillon de légumes
- 2 boîtes (12 oz) de maïs à grains entiers
- 1 gros oignon
- 3 pommes de terre
- 1 gousse d'ail
- 2 piments rouges
- 2 cuillères à café sel
- 1 cuillère à soupe. de:
- Poudre de chili
- Flocons de persil
- Une pincée de poivre noir
- 1 ¾ tasse lait de soja
- ¼ tasse margarine de type végétalien
- Jus de 1 citron vert

Instructions

1. Hachez l'ail et les piments et coupez les légumes en cubes.
2. Faites cuire les poivrons, l'oignon à l'ail, les pommes de terre, le bouillon de légumes, le maïs, le chili en poudre, le poivre noir, le persil et le sel dans la mijoteuse.
3. Programmez la minuterie pendant 7 heures sur le réglage bas.
4. Une fois terminé, ajoutez le mélange dans un mélangeur en le remplissant à moitié seulement. Donnez au

mélangeur quelques impulsions et continuez à réduire en purée jusqu'à ce que le mélange soit lisse et crémeux.
5. Une fois que tout est en purée, ajoutez-le avec la margarine et le lait dans la mijoteuse.
6. Réglez la cuisinière pendant une heure sur le réglage bas.
7. Garnir d'un peu de jus de citron vert, servir et déguster!
Rendement: 6 portions

Macaroni au fromage à la florentine

Qui a dit que vous ne pouviez pas avoir de macaroni au fromage? Vous pouvez - style végétalien!

Ingrédients
- 1 paquet d'épinards hachés surgelés (10 onces)
- 1 paquet de macaroni au coude
- 2 cuillères à soupe. huile d'olive
- 1 boîte (15,5 onces) de haricots blancs
- 1 ¾ tasse d'eau
- ½ tasse de noix de cajou crues
- 1 oignon moyen haché
- 2 cuillère jus de citron frais
- Facultatif: 1 cuillère à soupe. Pâte de miso blanc
- Sel à votre goût
- ¼ cuillère de chaque:
- Poivre de Cayenne
- Moutarde sèche
- Une pincée de muscade moulue
- ½ tasse chapelure

Instructions
1. Préparez et égouttez les épinards. Rincez et égouttez les haricots.

2. Faites bouillir les macaronis dans de l'eau salée pendant environ huit minutes. Égouttez et videz dans un grand récipient. Ajoutez les épinards.
3. Utilisez une casserole à feu moyen et réchauffez une cuillère à soupe d'huile. Incorporez l'oignon et poursuivre la cuisson lentement environ cinq minutes.
4. Dans un robot / mélangeur, broyez les noix de cajou jusqu'à ce qu'elles soient réduites en poudre. Versez une tasse d'eau et réduisez en purée jusqu'à ce qu'elle ait une consistance crémeuse et lisse. Incorporez le miso, les haricots, l'oignon, le reste de l'eau, la muscade, le poivre de Cayenne, la moutarde et le jus de citron. Lorsqu'il est lisse, assaisonnez avec du sel si désiré.
5. Versez la sauce crémeuse sur les épinards et les macaronis. Remuez jusqu'à ce que combiné.
6. Graissez légèrement la mijoteuse. Transférez les friandises dans la casserole et cuire à couvert pendant trois heures à feu doux.
7. Dans une petite poêle, faites chauffer l'huile et la chapelure. Remuer jusqu'à ce qu'il soit bien enrobé, environ trois à quatre minutes. Mettre sur le côté pour refroidir
8. Lorsque tous les composants de la recette sont prêts; servir, sourire et profiter.

Rendement: 4 portions

Soupe de lasagne

Il n'y a rien de tel que celui-ci pour prendre soin de vos envies italiennes. Il donne un nouveau sens à la préparation d'un déjeuner de soupe et de pâtes.

Ingrédients

- 4 ½ tasse bouillon de légumes
- 1 oignon moyenne
- ¾ tasse lentilles brunes séchées
- 1 cuillère de chaque - origan séché et basilic
- 3 gousses d'ail - émincées
- 1 de chaque (14 oz):
  - Tomates en cubes
  - Tomates écrasées
- 3 tasses de feuilles d'épinards hachées
- 8 nouilles lasagnes

Pesto Ricotta

- 1 tasse noix de cajou brutes
- ¼ livre de tofu extra-ferme
- ¼ tasse lait de soja / d'amande sans saveur
- A déguster: poivre et sel
- 3-4 cuillères à soupe pesto végétalien entièrement naturel (disponible chez Wal-Mart)
- 1 cuillère à soupe. jus de citron

Également nécessaire: robot culinaire

Instructions

1. Égouttez le tofu. Faites tremper les noix de cajou pendant 4 à 8 heures, rincez et égouttez.
2. Cassez les nouilles en morceaux pour les insérer dans la cuisinière.
3. Réglez la cuisinière sur haute. Ajoutez l'oignon, le bouillon,

l'origan, le basilic, l'ail et les lentilles. Remuez pour mélanger. Réglez la minuterie pendant environ deux heures. Les lentilles doivent être un peu fermes.
4. Ajoutez les tomates concassées et coupées en cubes. Remuez et cuire encore deux à trois heures à température élevée.
5. Ajoutez les épinards et les nouilles. Donnez-lui une autre agitation. Cuire jusqu'à ce que les épinards flétrissent - généralement environ 12 minutes suffiront. Donnez-lui une pincée de poivre et de sel.
6. Pour le Pesto Ricotta: Ajoutez le lait et les noix de cajou dans un robot culinaire et réduire en purée jusqu'à consistance crémeuse. Ajoutez le tofu en pulsant plusieurs fois jusqu'à ce qu'il ait une texture. Incorporez le jus de citron, le pesto au goût, le poivre et le sel.
7. Répartir dans des bols et fournir une cuillerée de ricotta.

Rendement: 6 portions

Pommes de terre au style gratin

En tant que végétalien, vous pouvez toujours profiter des bienfaits d'une pomme de terre rousse dans le plat préféré du «vieux temps». Essayez ceci pour une délicieuse expérience de déjeuner.

Ingrédients

- 3 pommes de terre rousses rouges
- 2 tasses de fleurons de chou-fleur
- 1 tasse de lait de coco nature
- ½ tasse de levure nutritionnelle
- 1 cuillère à café ou au goût de poivre, sel et paprika
- Garniture: trait de curcuma

Instructions

1. Omettez les pommes de terre, mélangez tout le reste dans un mélangeur ou un robot.
2. Videz le mélange dans la mijoteuse en ajoutant une couche de pommes de terre.
3. Couvrez-le avec la sauce et répétez les couches avec la sauce sur le dessus.
4. Préparez la cuisinière pendant sept à neuf heures à feu doux.
5. Lorsque vous êtes prêt à manger, ajoutez un peu de saveur avec un peu de curcuma.

Rendement: 2-3 portions

Sandwich bâclé aux pois aux yeux noirs

Ce délicieux sandwich est rempli d'un savoureux mélange de pois sur un petit pain ouvert. Vous pouvez faire le plein de protéines et de fer supplémentaire avec ce copieux repas de type ragoût.

Ingrédients pour le matin:

- 1/6 tasse Millet
- 1/3 tasse de:
- Carottes hachées
- Pois aux yeux noirs secs
- 2 tasse eau
- 1 gousse d'ail émincée
- 2 cuillères à soupe. poivron émincé
- ¼ cuillères à café fumée liquide
- 1 cuillère à café assaisonnement cajun

Ingrédients pour la soirée:

- 2 cuillères à soupe. pâte de tomate
- 1 tasse chou haché, chou vert ou votre choix
- Poivre et sel à votre goût
- Pour servir: 2-3 petits pains

Instructions

1. Programmez la minuterie de sept à neuf heures en utilisant le réglage bas.
2. Environ 30 minutes avant que le repas ne soit prêt à être servi, ajoutez la pâte de tomates et les légumes verts.
3. Saupoudrez de poivre et de sel comme garniture avec un peu plus d'assaisonnement cajun si vous voulez un peu plus d'épices.

4. Servir ouvert et dévorer totalement ce délice.

Rendement: 2 tasses

Pâtes aux épinards et aux artichauts

Avec de délicieuses pâtes comme celle-ci; les épinards et les artichauts se consomment sans culpabilité!

Ingrédients

- 1 paquet (8 onces) de pâtes penne / fusilli de grains entiers
- ½ tasse de noix de cajou brutes
- 1 paquet (12 onces chacun):
- Épinards plats congelés
- Fleurs de chou-fleur surgelés
- 1 cuillère à soupe. jus de citron
- 1 boîte (15 onces) de cœurs d'artichaut - divisé (+) ½ tasse
- liquide réservé
- ¼ tasse levure nutritionnelle
- 1 cuillère de:
- Ail haché
- Moutarde de Dijon
- 1/8 cuillère -plus ou moins - poivre noir

Optionnel:

- Sauce piquante
- Paprika fumé

Instructions

1. Ajoutez les noix de cajou dans un petit plat et couvrir d'eau chaude. Il est préférable de les faire tremper toute la nuit, mais vous devriez les faire tremper pendant au moins 15 minutes.
2. Préparez les pâtes et les épinards. Drainez.
3. Utilisez un robot culinaire et ajoutez les noix de cajou, le chou-fleur, 1 tasse de cœurs d'artichaut, le jus de citron, ½ tasse. de liquide d'artichaut. Le poivre, le sel, la moutarde, l'ail et la levure nutritionnelle. Traitez jusqu'à ce que crémeux.
4. Coupez le reste des cœurs d'artichaut en dés et ajoutez-les avec la sauce crémeuse. Incorporez les épinards et les pâtes.
5. Pour la couleur, ajoutez un peu de paprika fumé
6. Servir dans un moule / plat 8x8. Cuire au four 15 minutes à 350 ° F. Donnez-lui une touche de sauce piquante pour un coup de pied supplémentaire.

Rendement: 4 portions

Pâté végétalien garde-manger

Vous pouvez faire cette tarte avec de nombreux ingrédients que vous avez peut-être déjà dans le garde-manger ou le congélateur. Il est très flexible avec les choix d'ingrédients.

Ingrédients pour le ragoût

- 2 petites gousses d'ail
- 1 petit oignon
- 1 grosse tige de céleri émincée
- 1 livre - légumes surgelés (par exemple, maïs, pois, carottes,
- haricots verts, etc.)
- 1 paquet (10 oz) de champignons tranchés
- 1 ½ tasse de tofu en cubes / pommes de terre en dés / haricots
- 1 tasse d'eau - plus ou moins selon les besoins
- 2 cuillères à soupe. bouillon vegan à saveur de poulet –
- Ou 1 ½ tasse bouillon de légumes (total de 2 ½ tasse liquides)
- Poivre et sel à votre goût
- 1 cuillère à café thym séché
- 2 cuillères à soupe. farine au besoin / épaississement

Ingrédients pour les biscuits:

- 1 tasse blé entier / farine blanche
- ½ cuillère à café de chaque:
- Facultatif: thym séché
- Sel
- 3 cuillères à soupe huile d'olive (peut-être moins)
- ½ tasse de lait d'amande / nature

Instructions la veille au soir:

1. Si vous utilisez le tofu; cube et faites-le d'abord cuire. Émincez les oignons et la gousse d'ail.
2. Ajoutez le céleri coupé, l'ail, l'oignon et le tofu / pommes de terre dans un récipient hermétique au réfrigérateur.

Instructions pour le lendemain matin:

1. Vaporisez légèrement la mijoteuse.
2. Mélangez tous les ingrédients du ragoût - en omettant la farine pour le moment.
3. Remuez et cuire de six à huit heures. (Ajoutez une à deux tasses d'eau si la cuisson dure plus de 8 heures.)
4. 30 minutes avant de servir: s'il est trop fin, ajoutez un peu de farine épaississante. S'il est trop épais, ajoutez un peu plus d'eau. Goûtez et ajustez les assaisonnements à votre guise.
5. Préparez les biscuits: combinez tous les composants de la section des biscuits pour former une pâte. Abaissez la pâte préparée à environ un demi-pouce d'épaisseur. Découpez en cercles avec un verre ou un cutter.
6. Disposez les biscuits sur la garniture. Vous pouvez soit les ajouter un à la fois, soit étaler la pâte pour couvrir tout le dessus des ingrédients de remplissage.
7. Programmez la cuisinière au réglage élevé pendant 30 minutes supplémentaires.
8. Remarque: Cuire le tofu pendant 25 à 30 minutes à 475 ° F. Retournez-le environ deux ou trois fois jusqu'à ce qu'il soit croustillant.

Rendement: 4 portions

CHAPITRE 3

Recettes pour le dîner

Après une longue et dure journée de travail ou de loisirs, il est toujours bon de savoir que vous dînerez dans votre mijoteuse.

Chili à la courge musquée et la noix de coco

Cette recette de courge musquée changera votre façon de penser quand vous pensez au Chili.

Ingrédients

- 2 tasse courge doubeurre
- 2 branches de céleri hachées
- 1 petit oignon
- 2 carottes
- 2 pommes moyennes
- 4 gousses d'ail
- 1 boîte moyenne de:
- Pois chiches
- Haricots noirs
- 1 boîte de lait de coco faible en gras / 400 ml
- 2 cuillère poudre de chili
- 1 cuillère de:
- Cumin en poudre
- Origan séché
- 2 cuillères à soupe. pâte de tomate
- 2 tasse bouillon de légumes
- À votre goût: sel et poivre

Facultatif: riz basmati cuit

Pour la garniture:

- Noix de coco râpée non sucrée
- Cilantro frais, ciboulette ou persil

Instructions

1. Égouttez et rincez les haricots.
2. Hachez l'ail. Peler et hacher / couper en cubes l'oignon, les carottes, le céleri, les pommes et la courge.
3. Ajoutez tous les composants de la recette dans la mijoteuse - omettez les garnitures pour le moment.
4. Réglez la minuterie sur 8 heures à faible intensité ou 4 à 6 heures à intensité élevée.
5. Ajoutez le sel et le poivre environ une heure avant l'heure de servir.
6. Ajoutez la poudre de chili et le poivre de Cayenne, également si désiré.
7. Ouvrez le couvercle de la cuisinière pendant les 45 dernières minutes du cycle pour que le chili épaississe.
8. Ajoutez un peu plus de bouillon s'il semble sec.
9. Servir avec le riz et garnir au goût.

Rendement: 8 portions / 1 ½ tasse chacune

Casserole d'aubergines à l'italienne avec ricotta de cajou et tofu

Il est difficile de croire que c'est végétalien!

Ingrédients pour la noix de cajou - Tofu Ricotta

- 3 gousses d'ail
- ½ tasse de:
- Levure nutritionnelle
- Noix de cajou (2 oz)
- Lait non laitier non sucré
- 1 paquet (15 oz) de tofu ferme
- ½ cuillère à café sel
- 2 cuillères à café jus de citron
- Une pincée de poivre noir

Reste des ingrédients

- 1 pot (25 oz) de sauce marinara
- 1 grosse aubergine / 1 ¼ livres
- Pour servir: pâtes cuites

Instructions pour la nuit d'avant

Préparez la ricotta en combinant tous les composants de la recette dans un mélangeur ou un robot jusqu'à consistance lisse. Placez au réfrigérateur toute la nuit dans un contenant hermétique.

Instructions pour le matin

1. Vaporisez la mijoteuse avec une petite quantité de pulvérisation.
2. Videz 1/3 de la sauce marinara dans la casserole.

3. Complétez le tout avec des tranches d'aubergine, la moitié de la ricotta et 1/3 de la sauce.
4. Répétez les couches et versez le reste de la sauce.
5. Laissez cuire pendant six à huit heures à basse température.
6. Si le plat semble un peu trop moelleux, retirez le couvercle et laissez cuire environ 30 minutes à une heure à température élevée.

Rendement: 6 portions

Lasagne style vegan

Si vous recherchez un choix «sans viande» pour les lasagnes; votre recherche est terminée! Pourquoi ne pas essayer une partie de votre sauce tomate maison (voir la recette ci-dessous).

Ingrédients

1 médium haché de:
- Courge jaune
- Oignon
- Zucchini
- 1 1/2 cuillère à soupe d'huile d'olive
- 2 tasse champignons hachés
- 1 aubergine moyenne (morceaux de 1/2 po)
- 2 tasse tomates raisins ou cerises
- ¼ cuillère à café de flocons de piment rouge
- 4 gousses d'ail émincées
- 1 cuillère à café de sel
- 2 pots (24 onces) de sauce tomate (4 à 5 tasses)
- ½ cuillère à café d'assaisonnements italiens (thym, origan,

- ☒ mélange de basilic)
- ☒ Paquet de 12 nouilles à lasagne non cuites
- ☒ 1 ½ tasse de fromage végétalien râpé:
- ☒ Fromage mozzarella
- ☒ Parmesan
- ☒ 2 tasses de fromage Anacardier Basilic rapide (voir ci-dessous)
- ☒ Garniture facultative: basilic frais haché

Ingrédients du fromage de noix de cajou et basilic:

- ☒ ½ tasse lait d'amande
- ☒ 2 tasse noix de cajou brutes
- ☒ ¾ cuillère sel de mer
- ☒ 2 cuillère ail haché
- ☒ ¼ tasse levure nutritionnelle
- ☒ 1/2 tasse (bien emballé) basilic frais
- ☒ ¼ cuillère poivre
- ☒ 1 ½ cuillère à soupe jus de citron frais

Instructions

1. Ajoutez de l'huile dans une casserole en utilisant le réglage de chaleur moyen. Ajoutez l'oignon et cuire de deux à trois minutes.
2. Mélangez les courgettes, les champignons, l'aubergine et la courge avec les oignons et poursuivre la cuisson pendant environ sept minutes.
3. Incorporez le sel, les tomates, les flocons de piment rouge, l'ail et les assaisonnements italiens. Faire sauter pendant plusieurs minutes ou jusqu'à ce que les légumes soient tendres.
4. Retirez la casserole du feu et ajouter l'arôme avec plus de flocons de piment rouge ou de sel si désiré.

5. Versez 1 ½ tasse de sauce tomate comme base dans la mijoteuse. Superposez les nouilles (casser pour s'adapter), garnir avec 1/3 du mélange végétarien et garnir de ricotta de cajou, avec une tasse de sauce.
6. Continuez le processus en alternant et en plaçant la ricotta de cajou dans la couche intermédiaire avec la moitié du mélange de fromage râpé.
7. La dernière couche doit être avec une couche de nouilles, de sauce et le reste de 1 ½ tasse de fromage râpé.
8. Couvrir dans la mijoteuse pendant 3½ à 4 heures. Éteignez la cuisinière et laissez reposer 15 minutes.
9. Saupoudrez d'un peu de basilic frais avant de servir votre famille ou vos amis affamés.
10. Instructions pour le basilic au fromage: Faites tremper les noix de cajou dans l'eau chaude pendant au moins dix minutes.
11. Combinez tous les ingrédients jusqu'à consistance lisse. Vous pouvez le conserver en toute sécurité au réfrigérateur jusqu'à cinq jours.
12. Remarque: soyez prudent car une cuisson excessive rendra les nouilles molles.
13. Assurez-vous de ne pas trop cuire car les nouilles deviendront molles. Regardez-le de près!

Rendement: 6-8 portions

Quinoa - Chili aux haricots noirs - Crème sure aux noix de cajou

En tant que végétalien, vous découvrirez bientôt à quel point vous aimez vraiment les haricots et le quinoa. Cette crème sure spéciale aux noix de cajou vegan enverra vraiment vos papilles gustatives en voyage spécial!

Ingrédients

- ½ tasse Quinoa cru
- 1 boîte (15 oz) de haricots noirs
- 2 ¼ tasse bouillon de légumes
- ¼ tasse de chaque:
- -Poivron vert
- -Poivron rouge
- 14 onces tomates en cubes
- 2 gousses d'ail
- ½ d'une oignon
- 1 carotte râpée
- 2 cuillère poudre de chili
- ½ petit piment
- 1 ½ cuillère sel
- ¼ cuillère poivre de Cayenne
- 1 cuillère de:
- -Origan
- -Cumin en poudre
- -Poivre noir fraîchement concassé
- ½ tasse grains de maïs

Ingrédients pour les garnitures

- Carotte râpée

- ☒ Oignons verts hachés
- ☒ Morceaux d'avocat

Ingrédients pour la crème sure aux noix de cajou végétalienne

- ☒ 3-4 cuillères à soupe eau
- ☒ ½ tasse noix de cajou trempées
- ☒ ½ cuillère à café sel de mer fin
- ☒ Vinaigre de cidre de pomme Splash
- ☒ 1 cuillère à café jus de citron vert

Instructions

1. Rincez et égouttez les haricots. Hachez les poivrons et l'oignon. Déchiquetez la carotte.
2. Faites tremper les noix de cajou dans l'eau pendant une nuit.
3. Versez le bouillon, les haricots, les tomates et le quinoa dans la mijoteuse, en remuant bien pour combiner.
4. Ajoutez les carottes, les poivrons, l'ail et l'oignon. Bien mélanger et incorporer le reste des assaisonnements.
5. Programmez la mijoteuse à basse température pendant 5 à 6 heures ou 2 heures et demie à 3 heures à température élevée. Si vous utilisez le réglage le plus bas, vérifiez-le pendant la dernière heure ou le réglage haut, vérifiez les 30 dernières minutes. Ajoutez plus de liquide si nécessaire.
6. Préparez la crème sure: Utilisez un mélangeur à grande vitesse comme le NutriBullet pour mélanger les ingrédients jusqu'à consistance lisse. Après 30 secondes, grattez le mixeur.
7. Servir avec des oignons verts hachés ou des morceaux d'avocat.

Rendement: 4-5 portions

Sauce Marinara aux Épinards - Style Vegan

Ce délice végétarien est rempli d'une sauce savoureuse dès la sortie de la mijoteuse. Tout ce que vous avez à faire est de combiner les ingrédients.

Ingrédients

- 1 oignon haché
- ¼ tasse huile d'olive
- 4 gousses d'ail émincées
- 1 paquet (10 oz) d'épinards hachés surgelés
- 1 boîte (4,5 oz) de pâte de tomate
- 1/3 tasse carotte râpée
- 2 cuillères à soupe. de:
- -Basilic séché
- -Sel
- -Origan séché
- 1 boîte (28 oz) de tomates concassées avec le jus
- 2 feuilles de laurier
- 2 cuillères à soupe et demie piments rouges en poudre
- Taille de la cuisinière: 5 litre

Instructions

1. Décongelez les épinards et égouttez-les. Égouttez les champignons.
2. Mélangez tous les ingrédients directement dans la mijoteuse.
3. Placez le couvercle sur la cuisinière sur le réglage élevé pendant quatre heures.

4. Remuez et baissez le niveau de chaleur et cuire encore une à deux heures.

Rendement: 8 portions

Sauce tomate

Vous n'avez pas besoin d'acheter beaucoup de sauces supplémentaires lorsque vous pouvez préparer les vôtres à l'aide de votre mijoteuse.

Ingrédients

- ½ petit oignon haché
- 10 tomates prune / Roma
- 1 cuillère à café de chaque:
- -Ail haché
- -Pivre de Cayenne moulu
- -Basilic séché
- -Sel
- -Origan séché
- -Poivre noir
- 1 pincée de cannelle
- ¼ cuillère huile d'olive

Instructions

1. Pelez et écrasez les tomates et émincer l'ail. Mettez-les dans la cuisinière avec le reste des ingrédients.
2. Couvrir avec un couvercle et cuire à feu doux pendant 10 à 15 heures. Plus ils cuisent longtemps, plus la saveur s'entrelace.

Rendement: 6 portions

CHAPITRE 4

Casse-croûte

Vous pouvez avoir une petite variété de collations, des tacos mexicains à la banane brune!

Tacos mexicains au quinoa

S'il n'est pas tout à fait l'heure du déjeuner ou du dîner; essayez l'un de ces tacos et partagez-le avec quelques amis.

Ingrédients

- 2 boîtes (15 onces chacune) de haricots noirs
- 1 boîte (15 oz) de maïs
- 1 boîte (10 oz) de sauce enchilada
- 1 boîte (14,5 oz) de tomates en dés avec jus
- 1 tasse de:
- -Bouillon de légumes
- -Quinoa
- 1,25 oz. paquet assaisonnement pour tacos / 3 tasse
- Tortillas - Maïs ou farine
- *Garnitures:*
- -cubes d'avocat
- -Lime fraîche
- -Coriandre
- *Nécessaire également:*
- -Tamis à mailles fines
- -Mijoteuse de 6 pintes

Instructions

1. Égouttez et rincez les haricots noirs. Rincez

soigneusement le quinoa dans le tamis pour enlever la couche de saponine amère.
2. Dans la mijoteuse, ajoutez le bouillon, les tomates non égouttées, le sachet d'assaisonnement taco, le maïs égoutté, la sauce enchilada, le quinoa rincé et les haricots noirs.
3. Remuez jusqu'à ce que le tout soit bien mélangé. Placez un couvercle sur la cuisinière pendant 2 heures et demie à 4 heures à puissance élevée.
4. Remarque: si votre cuisinière a tendance à devenir très chaude, il est judicieux de surveiller les ingrédients pour s'assurer qu'ils ne deviennent pas pâteux. N'utilisez pas les températures lentes car elles seront molles pendant plus longtemps.
5. Une fois le quinoa cuit, servez sur les tortillas avec les garnitures de votre choix.

Rendement: 6-8 portions

Pizza Puttanesca

Prenez-le d'Oprah; c'est tellement délicieux! Vous savez qu'il est sain avec tous les ingrédients frais.

Ingrédients pour la pâte

- ½ cuillère à café de
- Sel
- Assaisonnement italien
- 1 ½ cuillère à café levure instantanée
- 1 ½ tasse de farine tout usage non blanchie
- ½ tasse d'eau chaude / au besoin

- 1 cuillère à soupe d'huile d'olive

Ingrédients pour la sauce

- ¼ tasse de tranches et dénoyautées de :
- Olives vertes
- Olives Kalamata
- ½ tasse de tomates concassées
- 1 cuillère à soupe de :
- Câpres - rincées et égouttées
- Persil plat frais haché
- ¼ cuillère à café de :
- Flocons de piment rouge
- Sucre - approuvé végétalien
- Ail en poudre
- Origan séché
- Basilic séché
- Poivre
- Facultatif : ½ tasse fromage vegan mozzarella râpé

Équipement nécessaire :

- 5-7 - Mijoteuse pinte
- Robot culinaire

Instructions

1. Préparez la pâte : graissez légèrement un grand récipient de mélange.
2. Utilisez le robot culinaire pour combiner l'assaisonnement italien, le sel, la farine et la levure. Ajoutez l'huile par le tube d'alimentation, avec la machine en marche, avec suffisamment d'eau pour former une boule de pâte collante.

3. Ajoutez la pâte sur une surface farinée - pétrir pendant environ une ou deux minutes. Travaillez-le en boule et ajoutez-le au bol préparé- en retournant pour enduire la pâte d'huile.
4. Couvrez-le d'un torchon. Laissez-le monter dans un espace chaud jusqu'à ce qu'il double environ de volume. Habituellement, une heure environ suffit.
5. Dans un autre récipient: Préparez la sauce en combinant les deux types d'olives, tomates, origan, basilic, câpres, flocons de piment, ail en poudre, sucre, sel, poivre et persil.
6. Préparez l'insert: graissez légèrement l'insert et abaissez la pâte. Disposez-le sur une surface farinée et aplatissez-le pour qu'il rentre dans la cuisinière.
7. Placez la pâte dans le cuiseur et ajoutez la sauce. Drapez un torchon entre le couvercle et la sauce pour empêcher la condensation de s'accumuler sur le dessus de la pizza.
8. Faites cuire une heure et quarante-cinq minutes. Si vous utilisez le fromage; ajoutez-le après une heure et quinze minutes et faites cuire encore 30 minutes.

Rendement: 2 portions / 4 tranches en accompagnement

Houmous aux haricots blancs et à l'ail

Quelle section de collation serait complète sans au moins une recette de trempette savoureuse. Celui-ci est proclamé, un gagnant!

Ingrédients

- 6 gousses d'ail
- 2/3 tasse haricots blancs séchés
- ¼ tasse huile d'olive extra vierge
- Poivre noir et sel casher si aimé
- Jus de 1 citron
- Taille idéale de la cuisinière: 3 litre

Instructions

1. Videz les haricots blancs rincés dans la cuisinière avec l'ail.
2. Couvrez les haricots d'au moins deux pouces d'eau sur le dessus des haricots. Cuire à puissance élevée pendant 4 heures à puissance élevée ou 8 heures à basse température.
3. Versez les ingrédients dans une passoire pour éliminer le liquide.
4. Ajoutez l'ail et les haricots dans un mixeur. Versez le jus et l'huile d'olive.
5. Réduire en purée jusqu'à consistance crémeuse.
6. Ajoutez une pincée de poivre et de sel. Prendre plaisir!

Rendement: 1 ½ tasse

Pour les amateurs de sucre

C'est une recette que vous voudrez garder à portée de main pour ces chutes en milieu de matinée ou en milieu d'après-midi.

Banane Marron Betty

Ingrédients

- ½ cuillère cannelle moulue
- 1/3 tasse sirop d'érable pur
- ¼ tasse lait d'amande non sucré
- ¼ cuillère moulue de:
- -Noix de muscade
- -Gingembre
- 1/8 cuillère sel
- 4 bananes mûres
- 6 tasse pain blanc en cubes
- 1/3 tasse de:
- -Sucre naturel approuvé végétalien
    - Pacanes grillées hachées
- 2 cuillères à soupe rhum / brandy / 1 cuillère à café d'extrait de rhum ou de brandy
- Également nécessaire: mijoteuse de 4 litre

Instructions

1. Épluchez et hachez les bananes.
2. Mélangez le lait d'amande, le sirop, le gingembre, la cannelle, le sel et la muscade. Ajoutez la chapelure. Remuer doucement pour couvrir.
3. Dans un autre récipient, mélangez le sucre de type végétalien, les bananes, les pacanes et le brandy.

4. Vaporisez l'intérieur de la mijoteuse avec de l'huile de cuisson.
5. Étalez la moitié du mélange de pain dans le fond, puis couchez-en la moitié de la préparation à la banane, en couches jusqu'à ce que tous les ingrédients soient impliqués.
6. Fixez le couvercle et faites cuire de 1 ½ à 2 heures à intensité élevée.
7. Servir très chaud.

Rendement: 4 portions

CHAPITRE 5

Apéritifs pour plaire

Soyez prêt avec ces deux plaisirs de la foule:

Tomates cocktail farcies à la salsa

Salsa avec une bouchée!

Ingrédients pour la trempette

- ¾ tasse noix de cajou entassées
- ½ poivron rouge haché
- 2 cuillères à soupe levure nutritionnelle
- 2 cuillères à café poudre d'oignon
- 1 cuillère à soupe. Tahini
- ¾ - 1 cuillère à café sel de mer
- 2 cuillères à soupe. jus de citron
- 1 gousse d'ail

Ingrédients pour la salsa

- ½ de chacun:
- -Poivron rouge
- -Poivron jaune
- -Poivron vert
- 2 tomates moyennes
- Facultatif: ½ - 1 piment jalapeno

Ingrédients pour l'Assemblée

- 10-15 tomates cocktail

Instructions

1. Préparez la trempette: Combinez tous les composants de la trempette dans un mélangeur à grande vitesse avec le poivron rouge. Enfin, ajoutez les noix de cajou. Mélanger jusqu'à consistance crémeuse. Mettez-moi au réfrigérateur pour refroidir.
2. Préparez la salsa: coupez les tomates en morceaux et mixez en les hachant en petits morceaux. Ajoutez dans un plat et faire la même procédure avec les poivrons.
3. Utilisez une passoire pour filtrer le liquide.
4. Farcir la tomate: tranchez les extrémités des tomates. Retirez les intérieurs.
5. Combinez la trempette et 2/3 - ¾ de la salsa dans chaque tomate ou à votre goût.
6. Vous pouvez également farcir les concombres de la même manière.
7. Garnir d'un peu de salsa supplémentaire.

Rendements: 10-15 tomates

Boule de fromage en pistache croûte vegan

Soyez la belle de la fête en servant ce délicieux apéritif sur un plat raffiné pour tous vos amis.

Ingrédients

- Jus de 2 limes / 2 cuillères à soupe.
- ¼ cuillères à café chaque:
- -Poivre
- -Sel
- 1 c. noix de cajou trempées
- 1 cuillère à soupe de:
- -Vin de cuisine blanc
- -Vinaigre blanc
- 2 gousses d'ail
- 2 cuillères à soupe eau
- 1 brin de chaque:
- -Thym
- -Romarin
- ½ - ¾ tasse pistaches concassées

Instructions

1. Faites tremper les noix de cajou pendant la nuit au réfrigérateur dans suffisamment d'eau pour les recouvrir complètement. Videz l'eau le matin.
2. Ajoutez les noix de cajou dans un robot culinaire et ajoutez le reste des ingrédients, en omettant pour l'instant la pistache, le thym et le romarin.
3. Vous avez fait le fromage crémeux et entièrement incorporé.
4. Enfin, ajoutez le thym et le romarin. Goûtez et salez si

vous le souhaitez.
5. Versez le mélange de fromage dans un morceau de gaze ou un torchon fin. Disposez-le dans une passoire et laissez-le au réfrigérateur pour égoutter les liquides pendant la nuit.
6. Le matin, sortez le ballon du chiffon. Cela devrait être ferme. Lissez les bords et placez-le dans un bol de pistaches.
7. Faites rouler la balle jusqu'à ce qu'elle soit couverte.
8. Profitez-en avec des craquelins et des amis.

Rendement: 5-6 portions

CHAPITRE 6

Délicieux desserts

Vous tenterez sûrement vos papilles avec ces délicieuses friandises!

Pouding au chocolat et aux haricots noirs

Cela rassemble le végétalien avec un choix d'alimentation propre sans produits laitiers et sans gluten. Vous apprécierez cette recette à chaque cuillerée.

Ingrédients

- ½ tasse lait d'amande / de coco / de soja
- ¾ tasse haricots noirs séchés
- 3 cuillères à soupe poudre de cacao
- 4 cuillères à soupe nectar d'agave bleu clair
- 2 cuillères à soupe huile de noix de coco / avocat
- ½ gros avocat
- 1 boîte (14 oz) de lait entier de noix de coco
- Meilleur cuiseur de taille: 3 litres

Instructions

1. Rincez les haricots et ajoutez-les à la mijoteuse.
2. Couvrir les haricots d'eau d'environ deux pouces. Placez le couvercle sur la cuisinière à feu doux pendant huit heures.
3. Videz le liquide des haricots lorsqu'ils sont ramollis, en économisant environ deux tasses de haricots.
4. Utilisez un mélangeur à haute puissance et ajoutez le lait avec les haricots, en mélangeant jusqu'à consistance

crémeuse. Laisser refroidir le mélange au réfrigérateur. Secouez le lait de coco dans la boîte pendant environ 30 secondes et ajoutez-le au réfrigérateur - non ouvert. Il est préférable de le laisser reposer pendant la nuit.
5. Videz les grains refroidis dans le mélangeur.
6. Faites fondre l'huile à la micro-onde environ 30 secondes. Incorporez le nectar d'agave et la poudre de cacao. Raclez-le dans le mélangeur et ajoutez l'avocat.
7. Mélangez le tout jusqu'à ce qu'il soit doux et crémeux. Cela devrait prendre 15 à 30 secondes.
8. Ouvrez la boîte de lait de coco et incorporez la moitié de la boîte dans le pudding.
9. Gardez l'autre moitié pour la garniture de pudding.
10. Ajoutez le pudding aux plats individuels et conserver jusqu'au moment de servir.

Rendement: 6 portions

Gâteau aux bleuets et au citron

Les saveurs naturelles de ce gâteau amèneront les voisins à attendre une invitation pour goûter ce merveilleux régal.
Ingrédients

Ingrédients secs:

- ¼ cuillère à café de:
- -Stevia (+) 1 cuillère nectar d'agave
- -Levure
- ½ tasse farine à pâtisserie de blé entier

Ingrédients humides:

- ¼ tasse myrtilles

- 1/3 tasse lait non laitier non sucré
- 1 cuillère à café de chaque:
    - Graines de lin moulues mélangées à 2 tasse eau chaude
- -Huile d'olive / compote de pommes / purée de citrouille
- ¼ cuillère à café de:
- -Extrait de citron
- -Extrait de vanille
- ½ cuillère à café zeste de citron
- Nécessaire également:
- Mijoteuse 1 1/2 à 2 pintes
- Huile de cuisson
- Parchemin

Instructions

1. Après le travail de préparation, vaporisez la mijoteuse d'huile de cuisson ou tapissez-la de papier sulfurisé si vous voulez continuer sans huile.
2. Mélangez les ingrédients secs et incorporez les ingrédients humides.
3. Videz le mélange dans la cuisinière et étalez-le uniformément.
4. Aidez à absorber une partie de la condensation en plaçant un torchon entre le dessus et le gâteau. Faites cuire pendant 60 à 80 minutes. Le milieu sera solide au toucher.

Rendement: 4 portions

Pommes caramélisées

C'est l'une de ces friandises qui est savoureuse, qu'elle soit appréciée matin - midi - ou soir.

Ingrédients
- 1 cuillère à soupe jus de citron
- 1 ½ livres / 5 ½ grosses pommes
- ½ cuillère à café de muscade
- 2 cuillères à café cannelle moulue
- ½ - ¾ mélasse - au goût
- 1 ½ cuillère à café stévia - 3 paquets.
- 2 cuillères à soupe féculent de maïs
- 1 tasse Cidre

Instructions
1. Épépinez et trancher les pommes.
2. Vaporisez l'intérieur de la mijoteuse et ajoutez la mélasse, la stevia, la muscade, la cannelle, le jus et les pommes. Remuez bien et mélangez le cidre et la fécule en le versant sur les pommes.
3. Programmez la mijoteuse pendant trois à quatre heures sur le réglage bas. Remuez environ la moitié tout au long du processus.
4. Servir avec des flocons d'avoine ou à tout autre moment où vous voulez quelque chose de naturellement sucré.

Rendement: 5 tasses

Pouding de riz aux raisins et à la noix de coco

Voyez si celui-ci peut se rapprocher de la recette de grand-mère.

Ingrédients

- 1 tasse de:
- -Crème / lait de coco entier
- -Riz à grains courts (ex. Arborio)
- 1/3 tasse raisins secs
- 4 tasse lait sans produits laitiers - peut mélanger les saveurs
- ½ cuillère cannelle moulue
- Pincée de sel
- ¼ cuillère moulue de:
- -Clous de girofle
- -Noix de muscade
- ½ cuillère de chaque:
- -Extrait de vanille
- -Extrait de noix de coco
- 1/3 tasse sucre de coco

Instructions

1. Combinez tous les composants - omettez le sucre et les extraits.
2. Remuez et couvrir pendant deux heures à feu élevé.
3. Ajoutez l'extrait de vanille et de noix de coco avec le sucre. Remuez jusqu'à dissolution.
4. Servir chaud ou mettre au réfrigérateur pour plus tard.

Rendement: 6 portions

Conclusion

Merci de vous être rendu à la fin de *Livre de recettes vegan à la mijoteuse: Recettes végétaliennes faciles à faire à la mijoteuse.* Espérons qu'il a été informatif et vous a fourni tous les outils dont vous avez besoin pour atteindre vos objectifs de

La prochaine étape consiste à décider lequel des 31 savoureux que vous allez essayer en premier. Laissez vos amis et votre famille vous aider à choisir. Faites une liste pour ne pas être tenté par le marché. Rassemblez tous les ingrédients et commencez immédiatement la première expérience.

Si vous échouez au premier essai, effectuez les ajustements et profitez de l'expérience. Les erreurs sont le meilleur moyen d'acquérir de nouvelles compétences!

Indice

Chapitre 1: Le Délice du petit déjeuner

- Myrtille - Quinoa à la noix de coco
- Flocon d'avoine à la cannelle et aux pommes Barres à la citrouille et à l'avoine
- Granola épicé aux fruits et noix
- Burrito au tofu brouillé
- Œufs végétaliens pour le petit-déjeuner

Chapitre 2: Cadeau du midi

- Bolognaise de chou-fleur et nouilles aux courgettes
- Tofu et légumes chinois grillés
- Ragoût de maïs
- Macaroni au fromage à la florentine
- Soupe de lasagne
- Pommes de terre au style gratin
- Sandwich bâclé aux pois aux yeux noirs
- Pâtes aux épinards et aux artichauts
- Pâté végétalien garde-manger

Chapitre 3: Recettes pour le dîner

- Chili à la courge musquée et la noix de coco
- Casserole d'aubergines à l'italienne avec ricotta de cajou et tofu
- Lasagne style vegan
- Quinoa - Chili aux haricots noirs - Crème sure aux noix de cajou
- Sauce Marinara aux Épinards - Style Vegan
- Sauce tomate

Chapitre 4: Casse-croûte

- Tacos mexicains au quinoa
- Pizza Puttanesca
- Houmous aux haricots blancs et à l'ail

Pour les amateurs de sucre
Banane Marron Betty

Chapitre 5: Apéritifs pour plaire

- Tomates cocktail farcies à la salsa
- Boule de fromage en pistache croûte vegan

Chapitre 6: Délicieux desserts

- Pouding au chocolat et aux haricots noirs
- Gâteau aux bleuets et au citron
- Pommes caramélisées
- Pouding de riz aux raisins et à la noix de coco

CPSIA information can be obtained
at www.ICGtesting.com
Printed in the USA
LVHW020608161120
671611LV00004B/263